FICHA 1

- FIGURA PARA AS ATIVIDADES DAS PÁGINAS 23 E 90.

- FIGURAS PARA A ATIVIDADE DA PÁGINA 90.

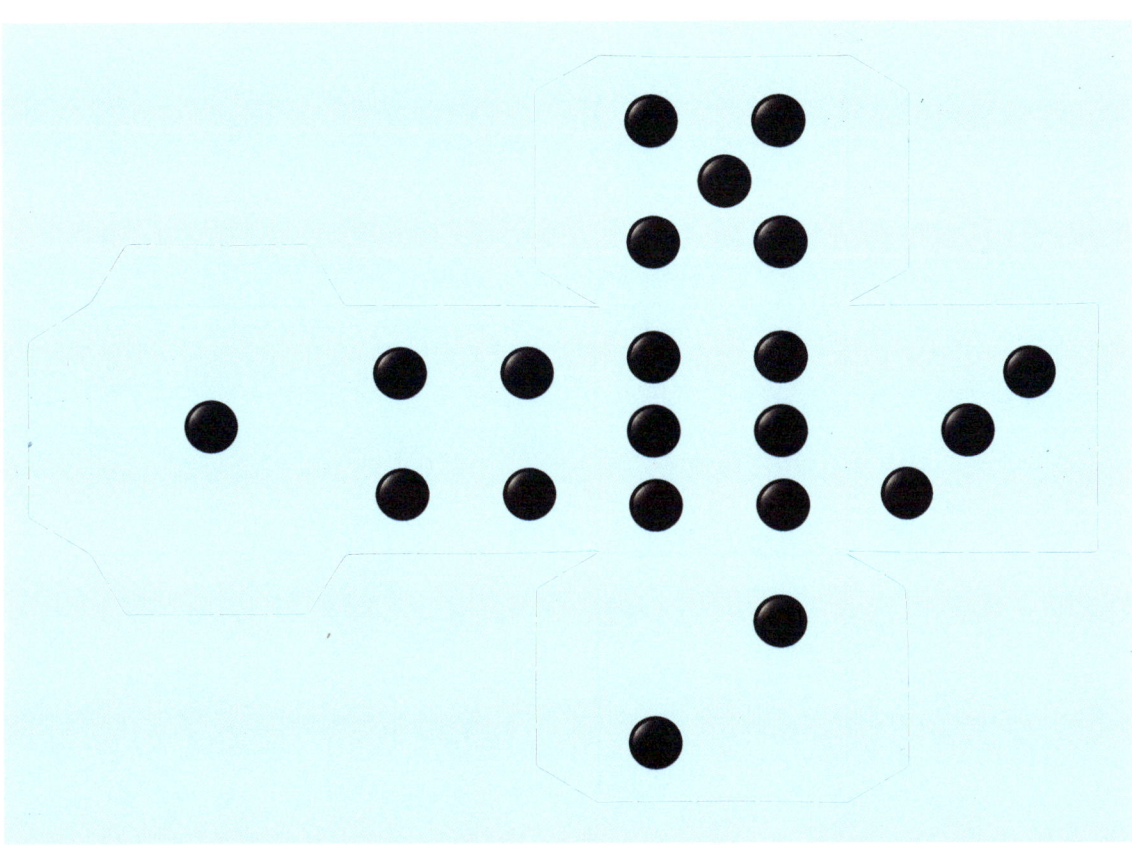

FICHA 2

- FIGURAS PARA A ATIVIDADE DA PÁGINA 53.

FICHA 3

- FIGURAS PARA A ATIVIDADE DA PÁGINA 53.

FICHA 4

- FIGURAS PARA A ATIVIDADE DA PÁGINA 95.

FICHA 5

- FIGURAS PARA A ATIVIDADE DA PÁGINA 95.

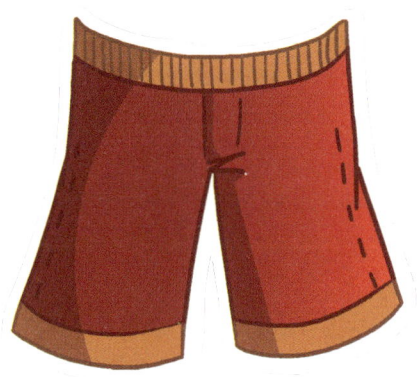

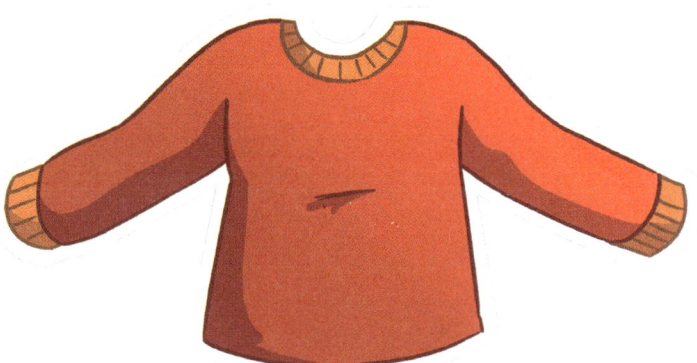

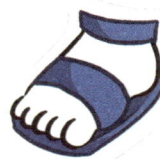

FICHA 6

- FIGURAS PARA A ATIVIDADE DA PÁGINA 40.
- FIGURAS PARA A ATIVIDADE DA PÁGINA 68.

SALA DE AULA

PÁTIO

BIBLIOTECA

REFEITÓRIO

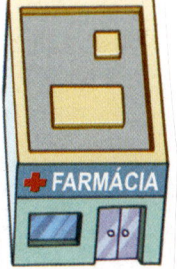

FICHA 7

- FIGURAS PARA A ATIVIDADE DA PÁGINA 53.

COGUMELO

COUVE-FLOR

ABOBRINHA

PIMENTÃO

CASTANHA-
-DO-PARÁ

VAGEM

BERINJELA

MILHO

ERVILHA

PERA

CASTANHA-
-DE-CAJU

AMENDOIM

PÃO INTEGRAL

ABACAXI

LEITE

FICHA 8

- FIGURAS PARA A ATIVIDADE DA PÁGINA 53.

KIWI

MELANCIA

BANANA

ACELGA

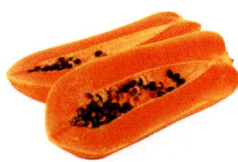
MAMÃO

IOGURTE

OVO

MACARRÃO INTEGRAL

GELATINA

ARROZ INTEGRAL

ABACATE

BOLACHA INTEGRAL

GRÃO-DE-BICO

LENTILHA

FEIJÃO

FICHA 9

- FIGURAS PARA A ATIVIDADE DA PÁGINA 93.

- FIGURAS PARA A ATIVIDADE DA PÁGINA 99.